ÉTUDES SUR L'ANCIEN RÉGIME

ÉTUDES SUR L'ANCIEN RÉGIME

ARNAUD DAUBASSE

Ses Œuvres et son Temps

PAR

A. DE MONDENARD

DÉPUTÉ

VILLENEUVE-SUR-LOT

IMPRIMERIE ÉDOUARD CHABRIÉ

1888

ARNAUD DAUBASSE

Ses Œuvres & son Temps

LETTRE-PRÉFACE

A MM. Alban et Édouard Chabrié,

Mes Chers Amis,

Vous voulez imprimer ma Conférence sur Daubasse ?

Que votre volonté soit faite.

Je ne puis qu'y perdre ;

Mais, notre vieux poète y gagnera. C'est ce qui importe.

Ma conférence, mise en brochure, sera comme l'édition populaire des Œuvres du Poète que vous avez si élégamment, si correctement édité.

Je ne doute point que beaucoup de mes lecteurs, mis en goût par les chefs-d'œuvre que j'ai cités, ne se hâtent d'acheter les Œuvres complètes si exactement traduites et si heureusement commentées par Claris.

Ainsi, votre but sera atteint et nul ne s'en réjouira plus sincèrement que

Votre tout affectionné,

A. Mondenard.

ARNAUD DAUBASSE

SES ŒUVRES & SON TEMPS

Mesdames, Messieurs (*),

Conformément au programme — car, il faut toujours tenir son programme ! — je viens louer, ce soir, devant vous, un poëte — et un poëte Villeneuvois.

— « Lequel ? » me direz-vous.

— Il est vrai, et je ne l'avais point oublié : vous en avez plusieurs.

Un jour — il y a de cela longtemps — le poëte dont je veux parler s'achemina vers le château de Biron.

En arrivant, il entra dans la grande salle où les gentilshommes du pays attendaient en foule monseigneur le duc.

En voyant entrer ce poëte à l'extérieur modeste,

(*) Cette étude sur Daubasse est la reproduction d'une Conférence faite par l'auteur, au théâtre de Villeneuve-sur-Lot, le 4 février 1888.

à la mine roturière, les courtisans s'interrogèrent
entre eux et se demandèrent :

« Quel est cet homme-ci ? »

Le poète, qui, en sa qualité même de poète, avait
l'oreille bonne, entendit, comprit, releva la tête et,
s'adressant aux gentilhommes :

« Qui je suis ? » répliqua-t-il...

> Vous voulez, dites-vous, apprendre qui je suis?
> Je suis un artisan qu'on appelle Daubasse,
> Qui, tantôt sur la corne et tantôt au Parnasse,
> Fait, selon le besoin, des peignes ou des vers,
> Coulant des jours heureux dans ces travaux divers.
> L'un fournit chaque jour aux besoins de ma vie,
> L'autre attire sur moi tous les traits de l'envie.
> Conduit par le respect, amené par mon cœur,
> Je viens dans ce château rendre hommage au seigneur.
> Indiquez-moi, messieurs, ce héros de la France...

Nous ne sommes point ici au château de Biron ;
nous sommes au théâtre de Villeneuve, et j'ai beau
fouiller la salle du regard, j'y vois fort peu de
seigneurs et pas un seul courtisan. Mais, vous avez
entendu Daubasse, et telle est la magie du vers et
sa puissance d'évocation qu'il semble que ce soit le
poète lui-même qui s'annonce comme le sujet de
cette conférence.

Dans cette improvisation qui respire tant de
franchise, de caractère et de simplicité, il se pro-
clame lui-même artisan et poète.

Mesdames, Messieurs, le cas des ouvriers-poètes
est, d'ordinaire, fort curieux, — j'entends le cas
des poètes qui sont vraiment ouvriers et des ouvriers qui sont vraiment poètes.

Nous en connaissons au moins trois :

Maître Adam Billaut, le menuisier de Nevers,
qui, au dix-septième siècle, publia successivement

trois volumes de vers, le premier sous le titre de *Chevilles*, le deuxième sous celui de *Villebrequin*, et le dernier — aujourd'hui introuvable — sous celui de *Rabot*.

Reçu par le cardinal de Richelieu qui lui-même se crut poète et commit quelques tragédies, loué par Corneille, fêté par Paris, Adam Billaut n'en retourna pas moins à son établi et, jusqu'à la fin de ses jours, il continua de fabriquer des chevilles poétiques — et des chevilles de bois.

Jacques Jasmin, qui fit ses *Papillottes,* et qui, jusqu'à sa dernière heure, mania, en même temps que la plume, le fer à friser.

Enfin, le boulanger de Nimes, Jean Reboul, qui fit... l'*Ange et l'Enfant :*

> Un ange au radieux visage
> Penché sur le bord d'un berceau...

Vous savez tous la pièce par cœur — et vous surtout, Mesdames. Car, ce chef-d'œuvre fut fait pour les mères — et il est allé à son adresse.

Le cas de maître Arnaud Daubasse, fabricant de peignes en corne et poète à Villeneuve-d'Agenois, offre, assurément, un phénomène plus extraordinaire encore que ceux que je viens de citer ; car, le boulanger de Nimes était un lettré ; Jasmin avait poussé assez avant ses études de latin, et Adam Billaut ne manquait pas d'instruction. Arnaud Daubasse ne savait ni lire, ni écrire.

Que maître Daubasse fut complétement illettré, il n'en faut point douter ; c'est lui-même qui nous en fait l'aveu — aveu toujours pénible ! — dans son Epître à M. de Barwic *(sic),* commandant de la province de Guyenne :

> Barwic, daigne écouter la voix d'un artisan
> Qui rima, quelquefois, sans trop savoir comment ;
> Bien que j'ignore encor l'art de lire et d'écrire,
> Quelquefois, cependant, je chante sur ma lyre...

Daubasse dictait...; un autre écrivait, sa femme, quelque parent ou un ami.

Il est, évidemment, dans ses vers, des incorrections qui tiennent à l'inintelligence du copiste.

Daubasse fut vraiment ouvrier et vraiment poète.

Grand poète—poète de grand souffle et de grande envergure ?

Messieurs, j'affirmais tout à l'heure qu'il n'y a pas un courtisan dans la salle ; or, je me donnerais à moi-même un démenti si je consentais à flatter une de vos gloires locales. La contrée — c'est la vôtre ! — qui a produit des hommes tels que Guiton, l'héroïque maire de la Rochelle, et Bernard Palissy, un des plus grands hommes dont s'honore la France, peut aisément se passer de flatteries.

Non, Daubasse n'est pas un grand poète ; mais, poète, il l'est assurément, et il le restera tant que la poésie sera l'art d'élever les âmes, de les émouvoir et de les charmer.

Il est, en outre, le phénomène littéraire le plus extraordinaire que l'on ait vu et que l'on puisse voir.

Oui, Daubasse est un poète, un vrai poète — des plus spontanés, des plus originaux.

Assurément, l'art eut moins de part dans son œuvre que la nature. — Ce serait un mince défaut en notre temps où le métier, le procédé remplace si souvent l'inspiration absente !

Mais son métier de poète, il le savait aussi — et

je n'en veux pour preuve que les poèmes à forme
difficile et complexe dans lesquels il excella, ses
sonnets dont quelques-uns sont parfaits, ses noëls
dans lesquels il satisfait si heureusement à toutes
les exigences du genre, ce rondeau qui soutient si
vaillamment la comparaison avec les meilleurs,
ses odes, dont les strophes construites sur un
rythme savant, révèlent une main autrement
habile que celle de l'auteur de l'*Ode sur Namur!*

Tout ce qui sortait de la veine du poète latin se
coulait naturellement dans le moule du vers :

Quidquid tentabam scribere versus erat.

Il semble que Daubasse a eu de commun avec
Ovide cette prodigieuse facilité.

Tout ce qu'il disait était naturellement rythmé
et rimé.

C'était un improvisateur.

Le pays entre la Loire et les Pyrénées en foi-
sonne. Nos paysans ont le sens inné de la mesure
et de l'assonnance. Plus on descend vers le Midi,
plus cette faculté d'improvisation augmente. Qui
ne connaît — au moins d'après Mérimée — ces
voceri ou lamentations rimées et cadencées que
toute femme corse improvise sur la tombe auprès
des restes des êtres chers qu'elle a perdus ?

Fabricant de peignes et poète, notre homme
était, en même temps, cabaretier. Il me semble
qu'il exerça cette dernière profession avec l'entrain
et la belle humeur qu'elle comporte. On allait à son
cabaret — comme, de notre temps, on allait chez
Jasmin — pour entendre de beaux vers. Ce qui est
certain, d'après la tradition et les premiers biogra-
phes, c'est que le cabaret de Daubasse, rue de Bour-

gogne, était, à Villeneuve-d'Agénois, le cabaret à la mode.

D'autre part, sa boutique de peignier était devenue le rendez-vous des Muses chassées du Pinde par les conquêtes de la barbarie. Apollon était devenu son client. C'est Daubasse lui-même qui le raconte en un sonnet exquis. Quel autre peignier que Daubasse — poète et gascon — aurait pu démêler la puissante chevelure du dieu ?

Au surplus, il devait avoir le coup de peigne énergique ; les pointes de ses épigrammes témoignent qu'il faisait mieux que d'effleurer l'épiderme !...

J'ai dit que Daubasse se vante, en un sonnet, d'héberger Apollon et les Muses.

Ce genre, Mesdames et Messieurs, n'est pas sans difficulté ; au temps même de Daubasse, Boileau disait :

> Un sonnet sans défaut vaut seul un long poème.

Cette maxime du « Législateur du Parnasse » paraît à quelques-uns exagérée ; à mon avis, Boileau, ici comme ailleurs, pourrait bien avoir raison !

La vérité est que nous avons beaucoup de longs poèmes et que le « sonnet sans défaut » est encore à trouver — même après les sonnets de Joséphin Soulary, même après le fameux sonnet d'Arvers.

Je ne crains pas de dire que votre poète, Mesdames et Messieurs, soutient, en ce point, la comparaison avec les maîtres.

Et, d'abord, qu'est-ce qu'un sonnet ?

C'est un petit poème en quatorze vers dont deux quatrains construits sur les mêmes rimes classées dans le même ordre et de deux tercets également sur deux rimes ; mais dans le dernier tercet les rimes sont autrement entrelacées que dans le premier.

Une des règles formelles c'est que, dans ce court poème, le même mot ne doit jamais reparaître. Cette répétition conduirait, en effet, facilement à la satiété.

Enfin, le dernier vers se termine par une *pointe*, soit par un trait de sentiment ou d'esprit, soit par une image à grand effet. Cette pointe, nous dirions volontiers, aujourd'hui, que c'est le *clou* du sonnet. Elle en est l'effet principal.

Ces règles nous étant connues, examinons d'abord — pour juger, il faut comparer — deux des meilleurs sonnets de la langue française.

Voici les *Deux Cortèges,* de Joséphin Soulary :

> Deux cortèges se sont rencontrés à l'église ;
> L'un est morne ; — il conduit le cercueil d'un enfant.
> Une *femme* le suit, presque folle, étouffant
> Dans sa poitrine en feu le sanglot qui la brise.
>
> L'autre, c'est un baptême. — *Au bras* qui le défend,
> *Un nourrisson gazouille une note* indécise ;
> Sa *mère* lui tendant le *doux sein* qu'il épuise,
> L'embrasse tout entier d'un regard triomphant.
>
> On baptise, on *absout* et le temple se vide.
> Les deux *femmes* alors, se croisant sous l'abside,
> Echangent un regard aussitôt détourné,
>
> Et — merveilleux retour qu'*inspire la prière,* —
> La jeune *mère pleure* en regardant la bière,
> La *femme qui pleurait* sourit au nouveau né.

Mesdames, Messieurs, c'est un chef-d'œuvre, sans aucun doute. Mais, est-ce un « sonnet sans défaut ? »

Nous en sommes loin !

Oui, le sentiment, le *retour,* comme dit le poëte, est admirable ; mais, est-ce la prière qui l'inspire ou la nature ? La prière vient-elle là autrement que pour la rime ?

Le mot *femme* apparaît trois fois ; le mot *mère,* deux fois.

Qu'est-ce que le *doux sein ?* Le poëte eut bien voulu mettre *sein doux.* Mais qu'auraient dit les charcutiers ? Il est vrai que les jardiniers, en entendant le *doux sein,* ont dû croire que Soulary était de la partie ; car le *doucin* est un pommier bien connu qui leur sert généralement de porte-greffe pour les variétés à basse tige.

Et, enfin, qu'est-ce qu'*un nourrisson qui gazouille une note à un bras ?*

Je passe sous silence l'impression *on absout,* pour *on donne l'absoute,* — ce qui n'est pas la même chose.

Ici, c'est le sentiment exquis de la fin, c'est la pointe, c'est le *clou* qui sauve la pièce.

Voyons le fameux sonnet d'Arvers :

> Mon âme a son secret, ma vie a son mystère :
> Un amour éternel en un moment conçu.
> Mon mal est sans espoir ; aussi j'ai dû le taire,
> Et celle qui l'a *fait* n'en a jamais rien *su.*
>
> Hélas ! j'aurai passé près d'elle inaperçu,
> Toujours à ses côtés — et pourtant solitaire ;
> Et j'aurai jusqu'au bout *fait* mon temps sur la terre,
> N'osant rien demander et n'ayant rien reçu.
>
> Pour elle, quoique Dieu l'ait *faite* douce et tendre,
> Elle ira son chemin, distraite et sans entendre
> Ce murmure d'amour élevé sur ses pas ;
>
> A l'austère devoir pieusement fidèle,
> Elle dira, lisant ces vers tout remplis d'elle :
> « Quelle est donc cette femme ? » et ne comprendra pas.

Il est mieux écrit que le sonnet de Soulary ; mais est-il conforme à toutes les règles ?

Le mot *fait* s'y trouve répété trois fois ; c'est trop de deux, Mesdames. Les rimes, dans les deux quatrains, ne sont pas disposées dans le même ordre. Enfin, les rimes du deuxième tercet se présentent dans le même ordre que dans le premier.

C'est encore le coup de la fin qui sauve tout ; car, le sentiment est d'une délicatesse délicieuse.

Les connaisseurs, en critiquant la forme, auront toujours raison ; mais les lecteurs et les lectrices, en goûtant, sans pouvoir s'en rassasier jamais, le sentiment exquis qui y est exprimé, n'auront jamais tort.

Au demeurant, le « sonnet sans défaut », ce n'est ni l'un, ni l'autre de ces admirables sonnets.

Permettez-moi, maintenant, de vous lire le sonnet de maître Daubasse ; il l'adresse :

AL CURÉ DE SALBOTERRO

Las Musos, aûtre tem, estant sul mount Parnasso,
Sans cat de pessomen bibion de lour trabal ;
Lour esprit e lour mas èroun tout tour cabal.
Sans cregna ni sargent, ni prebòt, ni menaço,

Tout al tour d'uno fouu fresco coumo la glaço,
Que toutjour fournissio sa nappo de cristal,
Apoulloun en sa lyro assemblabo lou bal,
E lous pus bèls esprits y begnon prene plaço.

Quand agueroun quitat aquel bèl loxomen,
Daubasso las prenguet dins soun appartomen,
E la troupo fuguet de suito coumsoulado.

Lou Diù que cado jour esclayro l'Unibers
A de que pengena sa perruquo daïrado
Pendent que las naü sos fan espeli de bers !

Ce sonnet est fait de main de maître ; toutes les règles sont respectées ; les rimes en sont riches, la langue d'une sonore pureté. Les sentiments fins et délicats y abondent, et la *pointe* qui apparaît dès l'avant-dernier vers, s'y complète au dernier par une image qui fait tableau.

Pas un mot important ne se répète ; les quatrains sont réguliers et les tercets varient l'entrelacement des rimes.

Quand on songe, Mesdames, Messieurs, que ce ciseleur de sonnets ne savait ni lire, ni écrire, c'est à confondre d'étonnement et d'admiration !

Voilà notre poète qui a su appeler chez lui, rue de Bourgogue, Apollon et les Muses.

De cette cohabitation, de cette collaboration vont naître des chefs-d'œuvre qu'il nous faut examiner.

Comme Jasmin, qui, sur le tard, alla jusqu'à rimer en français contre les impiétés de M. Renan, Daubasse s'est essayé maintes fois dans la langue nationale et, mieux que l'auteur des *Papillottes,* il y a réussi.

Tel de ses poèmes religieux qui mêle puissamment le réel à l'idéal et le comique au tragique, rappelle les mystères du moyen-âge et évoque le souvenir du Dante ; dans la poésie légère, c'est un précurseur qui fait pressentir le XVIIIe siècle.

Rien n'est plus parfait de forme et d'inspiration que le couplet suivant :

TRISTESSE

Ah ! que la paresseuse automne
Donne de peine à mon esprit !
Je n'ai plus de vin dans ma tonne,
Je suis sans argent, sans crédit ;
J'ai perdu depuis peu ma femme...
Amis, j'en mourrai de regret :
Souvent pour moi la bonne dame
Servait de gage au cabaret.

Avant de continuer, Mesdames et Messieurs, à vous faire parcourir les poésies légères de Daubasse, il me faut faire ressortir une autre singularité de cette étrange nature.

Il y a deux poètes en lui : le poète léger, badin, gaulois, et le poète grave, solennel, religieux et tout imbu de l'esprit chrétien.

Il est vrai qu'au « bon vieux temps »—Daubasse, né en 1660, est mort en 1720 — le sentiment religieux n'était pas incompatible avec une pointe de gaillardise. Le sévère Boileau, dans son *Lutrin*, s'égaye aux dépens des chanoines, et l'on sait que l'auteur de *Joconde* était, vers sa fin, armé d'un cilice.

Bon nombre des épigrammes de Daubasse sont dirigées contre des moines, voire contre des prêtres — et, cependant, par un singulier contraste, ses *Noëls* et quelques-uns de ses poèmes sont empreints d'une piété sincère et naïve. Au grand siècle, on savait ne point confondre le respect que l'on devait toujours à la religion avec les vérités et les sincérités que l'on doit quelquefois — rarement, je le reconnais ! — à ses ministres.

Disons-le d'un mot : Daubasse est à la fois un poète religieux et — comme on disait alors — libertin.

Je cite ce Noël :

> On dit que le Seigneur est né ;
> Qui croit, ne peut être étonné
> D'une telle nouvelle.
>
> Qu'il sera doux
> Ce chaste époux,
> De toute âme fidèle !

Bientôt trois rois de l'Orient
Viendront adorer cet enfant
Encore à la mamelle.

Qu'il sera doux
Ce chaste époux,
De toute âme fidèle !

Ces mages, vrais adorateurs,
De l'évangile précurseurs,
Seront notre modèle.

Qu'il sera doux
Ce chaste époux,
De toute âme fidèle !

Leur vocation à la foi
Annonce que la vieille loi
Fait place à la nouvelle.

Qu'il sera doux
Ce chaste époux,
De toute âme fidèle !

La synagogue n'aura plus
Ni temple, ni lois, ni vertus,
Ni fête solennelle.

Qu'il sera doux
Ce chaste époux,
De toute âme fidèle !

Nous verrons périr, des faux Dieux
Qu'ont adoré nos vieux aïeux,
L'étonnante séquelle.

Qu'il sera doux
Ce chaste époux,
De toute âme fidèle !

Voici, maintenant, un *Noël* en langue villeneu-
voise, un impeccable chef-d'œuvre, bien supérieur
au précédent et à tous les noëls connus, y compris
les fameux *Noëls* de La Monnoye :

Rebèlho-te, Miquélo;
Quito toun lèt;
Bèno beyre l'estèlo
De mejo-nèt.

Lou fil de Diù
Es tout nut sul la palho
Al fort d'un ben que talho,
Per nous èstre caùtiù.

Qui porto la noubèlo,
    Nous a countat
Qu'al jour uno piùcèlo
    L'abio boutat
    Al prumiè pas.
Quand nous troubaren protche,
A la may sans reprotche
Offriren l'agnèl gras.

Nostros pastoureletos
    A l'efantet
Faran de cent flouretos
    Un ramelet.
Touts, tant que sèn,
Pourtaren del bilatge
De lat pel bèl maynatge
Nascut à Betleèn.

A la sento Familho,
    Lou may saben
Fara, siosque home ou filho,
    Lou coumplimen,
    E li dira
Que bergès ou bergèros
An quitat lours fougèros
Per beni l'adoura.

Janoun, la men timido
    Quand cal parla,
Per touts fusquèt caùsido
    Per arenga.
    Daban lou jour,
E malgre la frescuro,
Bènoun, à la mazuro
Oun es lou Diù d'amour.

« Bous, mayre per miracle,
    Diguèt Janoun,
Bous, per cal lou diable
    De cap à found
    Es abimat,
Digas coumo pot èstre
Que la may del grand mèstre
Siogue dins tal estat ?

» N'abès ni fe ni palho
   Per bous couja,
Ni pesseto, ni malho,
   Per ne crounpa.
   De touts coustats,
La gelado bous glaço,
Lou ben passo e repasso ;
Tout es ple de vèrglas.

» Benés dins lou bilatge,
   A nostre oustal,
Bous e bostre maynatge
   Seres men mal.
   Ambe nous-aùs,
Jousèt aùra sa plaço ;
Fazès-me aquelo graço
E bous saùrey grand caùs.

» Prenès aquelo estoffo,
   En atenden
Que posqui d'uno coffo
   Bous fa presen..
   Per bostre fil,
Qu'es mourfoundut de glaço,
Aùres uno bourrasso,
E de may un mandil. »

Quand a dit sas caùzotos,
   Nou parlo pus,
Mès bayso las manotos
   Del boun Jésus.
   De soun bounhur
Felicito la mayre,
E recoumando al payre
D'abe souèn del Saùbur.

Apèy cadun se prèsso
   D'offri soun doun
E de fa sa carèsso
   Al Diù poupoun.
   D'un panieret,
Bidal tiro uno agnèlo ;
D'un damantal, Miquèlo
Sort un poulit bouquet.

Quand an fèy lour estreno
   Al rey del Cèl,
Presque à perto d'aleno
   Cantoun Noël.

> E pes camis
> Celebroun sous louanges.
> Coumo fan touts lous anges
> Que soun al Paradis.

Dans ce *Noël*, je ne vois pas, Mesdames et Messieurs, l'idée, le sentiment, le mot qui pourrait prêter à la critique. Dans ce genre où il faut à la fois tant de naïve simplicité et tant d'art, je ne sais rien de plus parfait en aucune langue.

Cela rappelle, en peinture, la bonhomie hollandaise et le sentiment religieux si pur chez les primitifs de l'école italienne.

Mais, me dira-t-on, le sentiment religieux que l'on rencontre dans un *Noël* ne saurait être une preuve que l'auteur en fût réellement imbu ?

L'art qui imite la nature peut aussi, je le reconnais, simuler le sentiment ; mais le lecteur attentif ne s'y trompe guère, et quand le sentiment religieux se soutient, comme ici, d'un bout à l'autre du poème, sans note fausse, ingénûment, la sincérité n'est pas douteuse.

Eh ! tenez, voulez-vous que nous comparions ce chef-d'œuvre de Daubasse avec un *Noël* signé de ce poète impeccable qui eut nom Théophile Gauthier ?

L'auteur d'*Émaux et Camées* fut assurément un grand artiste, rompu à toutes les habiletés de la couleur et de la facture ; mais, ce fut un vrai païen par ses mœurs et par son culte de la forme.

Vous connaissez son *Noël :*

> Le ciel est noir, la terre est blanche ;
> Cloches, carillonnez gaiement ;
> Jésus est né. — La Vierge penche
> Sur lui son visage charmant...

Vous savez le reste.

La peinture est jolie ; car, Gauthier fut surtout
un peintre, et il eut le tort de prendre à la lettre
le précepte d'Horace :

Ut pictura poésis.

Non ! la poésie n'est pas que de la peinture. Il y
faut l'émotion, le sentiment, la sensibilité qui ani-
ment l'image. Le *Noël* de Gauthier nous laisse
froids, pourquoi ? C'est que le procédé n'arrive pas
à la sincérité, c'est que le poète n'est point ému.

L'illettré fut, ici, très supérieur au lettré, le
croyant à l'artiste.

Daubasse eut de plus que Gauthier tout ce qui
ne s'acquiert pas ; Daubasse avait ce que Gauthier
ne pouvait avoir, le sentiment religieux. Pour ex-
primer, il faut sentir, et Gauthier ne sentait pas ;
il se contentait de voir — et de peindre. La peinture, encore une fois, n'est pas la poésie.

D'ailleurs, il est aisé de poursuivre cette démonstration ; car, ce n'est pas seulement dans ses *Noëls*
que Daubasse se montre profondément imprégné
du sentiment religieux. Ce sentiment est, pour
ainsi dire, réparti dans tout son œuvre — sauf,
bien entendu, dans ses poésies légères. Quand on a
vécu son œuvre pendant quelques heures, on re-
connaît deux choses : qu'il avait, quoique illettré,
beaucoup de lecture et qu'il se faisait lire surtout
les auteurs religieux de son temps ; il cite lui-
même quelque part les noms de Blaise Pascal, de
Nicole et du grand Arnaud, auteurs jansénistes,
sans doute, mais profondément chrétiens.

Il comprend, il sent, il exprime toute l'élévation
morale du christianisme.

Lisez, par exemple, son sonnet sur l'*Aumône :*

L'AUMÔNE

Gens de bien et d'honneur comme d'hautes estimes,
Pour l'amour du Seigneur, monarques souverains,
Ayez compassion, pour effacer vos crimes,
De ceux qui sont réduits à mendier leur pain.

Celui qui fait l'aumône, et de la bonne main,
Possède une vertu même des plus sublimes ;
L'aumône est une clef qui ne sert pas en vain,
Puisqu'elle ouvre les Cieux et ferme les abîmes.

« Voulez-vous être un jour heureux, prédestiné,
Donnez », dit le Seigneur, « il vous sera donné. »
C'est un commandement qu'il a fait à son peuple.

Sans compter qu'ici-bas, partout, en temps et lieu,
De tout ce que l'on donne on reçoit le centuple,
Et là-haut le bonheur de régner avec Dieu.

Mesdames, Messieurs, je sens comme vous les incorrections qui déparent le morceau ; mais ce sonnet ne contient-il pas en ses quatorze vers, toute la pure essence du sermon sur la Montagne ?
Quels admirables vers que ces deux vers :

L'aumône est une clé qui ne sert pas en vain,
Puisqu'elle ouvre les cieux et ferme les abîmes.

Est-ce que la tonalité générale ne vous rappelle pas l'admirable inspiration de Hugo, *Pour les Pauvres :*

Donnez, riches ! L'aumône est sœur de la prière.

Daubasse a, du christianisme, le mépris de la chair, le sentiment de la fragilité, de la vanité des choses de ce monde ; comme Boileau, il sait que la religion a des « mystères terribles »; il est tellement possédé du sentiment religieux qu'à de certains moments on pourrait croire qu'il s'est donné à mettre en beaux vers les passages des sermonnaires de son temps qui l'avaient frappé.

Ecoutez ces strophes dont vous voudrez bien
remarquer, je vous prie, la composition savante
et le rythme. C'est de la poésie réaliste, si je puis
dire, et du Beaudelaire avant la lettre :

SUR L'ESTAT DE L'HOME

Se bisitan nostro naturo,
Per pla dire de qu'es questiû,
N'y troubaren que counfusiû,
Imbecilitat, pourrituro.
Qu'es un home deshabilhat ?
Qu'un sat de terro tout quilhat,
Ou de fèn, qu'es enquéro pire.
Per milhou decida soun sort,
L'home n'es res, s'atal cal dire,
Qu'uno carogno aprés sa mort !

La mort nou sat espragna res
Tant que pertout se bey mestresso ;
Caûque cot al mèt des plases,
Aqui bay planta la tristesso.
Per s'acquita de soun mestiè,
Nou li play pas de fa quartiè
A l'amourous, à l'amourouso,
Car dins soun ordre rigourous,
Entremès lous bras de l'espouso,
Caûque cot bay rabi l'espous.

Tant que se play dins lou boujol,
Des desordres e del rabatge,
Fay semblan d'oûblida l'aûyol,
Per beni quèrre lou maynatge ;
Saquelay prèn tout à la fi,
N'espragno ni rey ni daûphi ;
Praqui tout lou mounde la cregno
E l'enbisajo dam hourrou,
Parço que caûque cot beudegno
La bigno dambe lou hourrou.

Et avec quelle force le poète, après avoir décrit
les horreurs de la mort, exprime la durée et les
terreurs de l'éternité !

L'eternitat a tant d'annados
Qu'uno n'en bal un regimen,
Car n'a fi ni coumençomen.
Atal loungos las y a dounados.
Toutos las feilhos de pes bos,
Tout lou sable menut e gros,
Qu'apilo la mer en tourmento,
Per bous pla dire la bertat,
Quand cado gra ne badrio trento,
Noun farion pas l'eternitat.

Oun l'eternitat aüra plaço,
Aqui res nou pourra suffi !
Qui pot tout, per la fa sans fi,
Fourrara touts lous tems à masso,
Lou passat dambe l'abeni,
Lou presen per lou sousteni.
Afin de la randre may pleno,
Dins cent milo ans cadra pensa
Que touto la fi de la peno
Sera de la recoumença.

Ceci, n'est-il pas vrai ? rappelle Dante, et l'on
sort de ces strophes avec la terreur dont nos ancêtres, les Gaulois, étaient pénétrés jusqu'aux moël-
les quand ils sortaient des bois sacrés !

Voici, maintenant, qui rappelle la majestueuse
éloquence de Bossuet parlant des révolutions qui
renversent les trônes et les empires :

LA GRANDOU DE DIU

Lou bras de Nostre Segne es un bras fort e loun,
Lous princes al près d'el l'an pus feble qu'un joun ;
Lous reys nou soun tant fiers que perque l'on lous cregne.
Se ne soun adujats pel bras de Nostre Segne,
Que tén de touts lous tems las bitorios en ma,
Cal que dins lou neau s'angoun touts abima.

Je viens de vous montrer en Daubasse, Mesdames et Messieurs, le poète grave, solennel, reli-

gieux. Avec lui, nous venons de nous élever jusqu'aux plus hautes cimes de la poésie. Les derniers fragments que nous avons lus sont pleins d'une familière grandeur qui touche au lyrisme et à l'épopée.

Il nous faut, pour saisir l'étrange contraste qui était en cet homme, descendre de ces hauteurs, passer du grave au doux, du sévère au plaisant, et, il faut bien le dire, au trivial.

Si nous nous laissions aveuglément guider par le cabaretier-poète, en vérité nous descendrions même trop bas et je risquerais de manquer au respect qui est dû à la plus belle, à la plus aimable partie de mon auditoire.

Maxima debetur puellæ reverentia.

Mais, que l'on se rassure ; je me bornerai à indiquer les pièces... défendues ; ce sont celles d'ailleurs que l'on trouve toujours le plus facilement : *A uno jouyno gouyo, — Question indiscrète à un prêtre galant,* une énigme crépitante qui fait pendant à une énigme plus sourde et plus discrète de Boursault, etc.

J'en viens aux poésies légères qui se peuvent lire en bonne compagnie.

A l'encontre des prêtres, notre poète populaire usait d'étranges libertés, et sa *Question à un prêtre galant* est déjà fort risquée ; contre les moines, il ne tarit pas. Toute notre littérature, et surtout notre littérature de l'ancien régime, est pleine de pareilles irrévérences.

Un jour que Daubasse, sur la route d'Eysses, laisse marcher son âne devant lui, cet animal capricieux se détourne brusquement et pénètre sans respect dans la cour de la fameuse Abbaye. Non loin de la porte, une troupe de moines devisaient au soleil...

Daubasse court après sa bête, la ramène et, en sortant, s'efforce malicieusement de l'excuser en disant aux moines :

> Mes pères, excusez mon pauvre âne Martin ;
> Il avait ses raisons d'en agir de la sorte :
> En vous voyant en nombre environner la porte,
> Il a cru bonnement entrer dans un moulin.

Au surplus, les moines n'étaient guère, en ce temps — qui était et qui est resté pour eux le « bon vieux temps » — les personnages graves et renfrognés que nous voyons aujourd'hui. La Révolution a passé par là qui les a contraints à plus de retenue. Mais, jadis, ils buvaient bien et, comme dit Hugo, chantaient volontiers *landerinette* après *alleluia*.

Je m'arrête sur cette pente : il ne faut pas qu'on nous accuse de dire du mal des absents.

Cependant, comment résister au plaisir de citer ce couplet gaillard chanté par un Cordelier dans un festin auquel assistait Daubasse :

> Quand Cloris prend plaisir à boire,
> Bacchus croit que c'est pour sa gloire ;
> Mais il n'en a pas tout l'honneur,
> Car, en buvant, le vin la rend si belle,
> Que le plus altéré buveur
> S'enivre moins de sa liqueur
> Que de l'amour qu'il a pour elle !

Daubasse, comme ce moine et comme Béranger, était aussi

> Ami du vin, de la gloire et des belles.

Il était fréquemment convié à des festins qu'il égayait par ses saillies, ses boutades, ses galanteries et ses bons mots.

Voici des vers qu'il fit, un jour, insérer — non dans le journal de la localité, comme nous disons aujourd'hui — mais dans une poule d'Inde qui figurait un rôti.

C'est la poule d'Inde qui, par licence poétique, s'adresse aux convives :

> Vous que j'assemble ici pour ma pompe funèbre
> Et qui ne pleurez pas de mon triste destin,
> Pour rendre mon tombeau de plus en plus célèbre,
> Sur ma cendre, à grands flots, répandez le bon vin.
> Toutefois, prudemment célébrez votre fête :
> Deux charmants ennemis sont à votre côté ;
> Souvent, à plus d'un sage, ils ont tourné la tête.
> Quels sont ces ennemis ? — Le vin et la beauté.

Le cruel hiver de 1709 avait détruit les vignes ; plus de vin — partant plus de joie !

Daubasse s'en afflige comme cabaretier et comme buveur.

Après avoir décrit le terrible fléau, il s'écrie :

> Ah ! lorsque personne
> N'a rien dans sa tonne,
> Adieu les chansons !
> Comme nous savons,
> On n'a point de cœur,
> Ni vigueur dans l'âme,
> Si l'on ne s'enflamme
> De cette liqueur.
> Grand'père Bacchus,
> Nous sommes vaincus ;
> Et sans plus attendre,
> Il nous faudra rendre
> En montrant nos c...,
> Puisque bientôt
> Le vin va se vendre
> Trente sols le pot.

Il chante le vin en français ; il le chante en patois ; il l'eut volontiers chanté dans toutes les langues !

> Oli de sirmen,
> Béno bistomen
> Dedins ma tasso,
> Balho la casso
> A moun pessomen,
> Que me chagrino
> E que trop mino
> Moun entendomen.
>
> Més que lou boun bi
> Sur la terro abounde,
> Alabe lou mounde
> Se porto à rabi.
>
> Dins un cabaret,
> Coumo lou Janet,
> Quand la set me rounjo,
> You, coumo uno espounjo,
> Bebi del claret ;
> E, lou bero en ma,
> Disi : « Fat que sounjo
> Al relendouma ! »

Mesdames, Messieurs, il est si vrai qu'il y a deux hommes, deux poètes dans Daubasse — le cabaretier à rouge trogne qui rime volontiers des joyeusetés et des gaillardises en l'honneur du vin et des belles, et le poète philosophe, préoccupé des questions graves de la destinée humaine, de la mort et de l'*au-delà*, — qu'avec ces derniers vers :

> E, lou bero en ma,
> Disi : « Fat que sounjo
> Al relendouma ! »

je me hâte de faire contraster brutalement ces vers sur la Mort, où, justement, il se préoccupe du lendemain :

> Quand you besi la mort en sa dailho à la ma,
> Bisita lous castels e sabra las cabanos,
> You disi qu'es bien sot, qui cres que las campanos
> Per el sounaran pas beleù lou lendouma.
> You nou besi pas trop que la cruèlo daysse
> Lou bouès enquèro bert, ni lou mol, ni lou dur.
> You besi qu'ello prèn sio que fay pas que naysse,
> Coumo nous-aùs coupan un rasin bien madur.

En attendant, il vit joyeux et, comme il nous l'a déjà dit, « il coule des jours heureux. »

Dans un dîner, il a pour voisin de table un Jésuite qui mange peu ; il lui dit :

> Diùrias fa l'aùnou de la taùlo :
> Bostre appetit es bien pitiou !
> Sès abilhat coumo uno agraùlo
> E minjas coumo un recoujou.

En d'autres circonstances, il rit volontiers de la mort... des autres :

> Ayci git un brabe souldat ;
> Que lou may hardit lou segounde !
> En saùtant aquel grand balat,
> A fèy un saùt dins l'aùtre mounde.

Il est galant — et plus que galant :

A MADAMO DE RIGOULIÉROS

> Bous sès may bèlo que lou jour,
> Jamay la neù sera tan blanco ;
> Per passa lou riù de l'amour,
> Nou boudrioy pas d'aùtro palanco.

En donnant la main à la belle dame de Rigouliéres, il ne songeait évidemment plus aux terribles mystères de la religion, de l'éternité et de l'enfer... Peut-être songeait-il au paradis !

Il trousse admirablement — comme on voit — le bouquet à Chloris ; mais il aiguise habilement l'épigramme..

Quelle rancune nourrissait-il contre Mlle de Laf-
fore ? On l'ignore. Il alla contre elle jusqu'à la
cruauté :

> Madoumaysèlo de Laforo,
> Bostro escabèlo bal un ban.
> Serias may bèlo que l'aûroro
> S'abias lou cuèr un paû pus blan.

À cette épigramme brutale, je me hâte de faire
succéder des vers d'une haute délicatesse. Il les
improvisait, dans un dîner, en réponse à une ba-
ronne qui lui trouvait l'air morne :

> Lorsque le blond Phœbus me tient sur le Parnasse,
> Ou qu'une des neuf Sœurs m'instruit dans le vallon,
> Quoiqu'ils soient tous des Dieux, je sais prendre mon ton,
> Chanter et fredonner avec assez d'audace ;
> Mais tirez-moi de là, je perds mon unisson.
> Lorsque je suis chez moi, mes yeux ne sont point mornes,
> Un paisible travail appelle le plaisir ;
> J'ai toujours ignoré ce que c'est que languir,
> Parce que chaque jour je travaille à des cornes,
> Qui réveillent sans cesse un heureux souvenir.
> Des grâces, c'est ici le véritable temple ;
> J'y vois les vrais plaisirs par groupes arriver,
> Plaisirs dont tous mes sens voudraient bien s'enivrer :
> Mais les rares beautés que mon œil y contemple
> Se bornent, par malheur, à me faire rêver.

Me voici arrivé, Mesdames, aux limites que je
ne puis dépasser devant vous ;
Je m'arrête.
Ma démonstration y perdra, sans doute ; mais
nos mœurs se sont améliorées ; la décence, depuis
le grand siècle, a fait quelque progrès et je dois
reculer, moi, simple laïque, devant des productions
que l'abbé Tailhé, un des premiers éditeurs de
Daubasse, ne se fit aucun scrupule d'offrir au
public.
C'est à peine si, en me couvrant de l'autorité de

cet honorable ecclésiastique, j'ose me permettre cette citation qui sera la dernière :

A UNE INGRATE

Faut-il que ton perfide cœur
M'envoie de son amour un présent si funeste !
Après m'avoir donné ta fleur,
Tu ne pouvais avoir que des feuilles de reste.

Et maintenant j'abandonne ce terrain scabreux pour passer à d'autres considérations.

Si j'ai bien accompli la première moitié de ma tâche, vous connaissez maintenant, Mesdames et Messieurs, votre poète sous tous les aspects de son talent si vif, si souple, si multiple, si varié. Hors le genre dramatique, il a abordé tous les genres : épitres, satires, madrigaux, boutades, épigrammes, rondeaux, odes, sonnets, énigmes, noëls, chansons... Dans presque tous, il a réussi dans l'une et l'autre langue. Dans quelques-uns, il a excellé.

Dans ses poèmes de longue haleine, il a touché parfois aux plus hauts sommets. Il a l'élévation, la grandeur morale, la pompe, la noblesse, et, comme on disait, la sublimité du style ; il a la saillie, la verve, l'esprit, la force, la naïveté et le sentiment.

Et quand on songe que cet artiste était un ouvrier, que ce poète, ce ciseleur de sonnets et de rondeaux était un illettré, on en est à se demander si l'on n'est pas dupe d'une illusion ou victime de quelque abominable supercherie littéraire !

Que n'aurait-on pas pu attendre d'une si merveilleuse organisation, si le temps et la condition où vécut Daubasse ne l'avaient condamné à l'ignorance, c'est-à-dire à l'impuissance !

De quels regrets amers n'est-on pas douloureusement affecté, en considérant que si cet homme avait vécu de notre temps, s'il avait reçu les bienfaits d'une instruction que la République répand à profusion, votre cité aurait compté parmi ses enfants un grand poète, un génie incomparable !

Il vécut au « bon vieux temps » — en un temps qui était bon à quelques-uns, en effet, mais qui était bien mauvais aux gens du peuple, aux pauvres, aux petits, au grand nombre !

C'est ce temps que je voudrais rapidement étudier avec vous en m'aidant des seuls documents contenus aux œuvres d'Arnaud Daubasse ; car le livre si correctement, si élégamment édité par MM. Claris et Chabrié, n'est pas seulement un recueil poétique comme tant d'autres ; c'est aussi un volume documentaire et d'autant plus précieux, à ce point de vue, que les témoignages portés par Daubasse contre l'ancien régime sont d'un témoin involontaire.

A ce titre, il prendra sa place aussi bien dans la bibliothèque des lettrés, curieux d'études historiques, que dans celle des amateurs de pure littérature.

Il est plein de renseignements que l'histoire doit précieusement enregistrer.

Déjà, les quelques tableaux que j'ai fait passer sous vos yeux vous ont permis d'entrevoir plusieurs coins de la vie de nos ancêtres ; nous savons mieux ce qu'ils pensaient et comment ils pensaient.

La foi naïve, la bonhomie villageoise de ce temps déjà si reculé se sont révélées, dans les *Noëls* de Daubasse, avec une sincérité qui nous a fait sourire. La scène dans laquelle le poète nous est d'abord apparu, nous a montré la grande salle seigneuriale du château de Biron pleine de la foule des vassaux qui venaient rendre l'hommage. Avec lui, nous avons assisté aux nombreux festins qui se donnaient dans les maisons de la région ; nous connaissons, en quelque sorte, les convives habituels : amis, parents, voisins, belles dames, moines ventrus et prêtres de bonne humeur ; comme dans certains tableaux flamands, nous avons vu la bruyante tablée s'épanouir à gorge déployée aux impromptus égrillards ou sarcastiques du poète villeneuvois, à ses bons mots, à ses saillies ; nous avons vu quelque belle dame rougir d'aise à quelqu'un de ses madrigaux, ou quelque Vadius en froc ou en soutane rugir sous le coup de ses poétiques étrivières. Nous avons une idée vraie de ce que nos pères nommaient l' « esprit gaulois », de leurs plaisanteries salées et parfois impudentes. Les mœurs, en effet, sont encore grossières en province ; la province du grand siècle retarde et se ressent du XVIe siècle.

Daubasse a évoqué devant nous tout ce monde disparu. Il faut tâcher de le reconstituer et nous faire une idée exacte, s'il se peut, de ce temps que quelques-uns — par ironie, sans doute ! — nomment encore « le bon vieux temps ».

Alors, comme aujourd'hui, la région était fertile et abondait en produits variés.

Dans la pièce *Sur le Lot*, dédiée à M. de la Bourdonnaye, je trouve, sur le commerce du pays avec Bordeaux, des indications que l'on rechercherait vainement, je crois, dans les recueils spéciaux de l'époque.

Je demande grâce pour la pauvreté des vers en faveur de leur richesse documentaire.

Le poète parle de la *Rivière du Lot :*

> Voyez cependant, Monseigneur,
> . Que de denrées elle porte :
> De l'huile, des prunes, des grains,
> Et des eaux-de-vie et des vins,
> Des charbons propres à la fonte...
>
> . . . .
> . . . .
>
> Sur ses côteaux, dans ses vallons,
> Sur ses tertres larges et longs,
> Si peu que l'année soit bonne,
> Le Lot est couvert de bateaux
> Chargés de ce jus de l'automne
> Et de blé pour nourrir Bordeaux.
>
> Taisez-vous ! la Seine et la Loire,
> Dordogne et toi, Rhône en courroux !
> Le Lot porte aussi bien que vous
> De quoi manger et de quoi boire ;
> Offrant les meilleurs aliments,
> Les volailles à régiments,
> Plus communes que l'or dans l'Inde,
> Puisque tous les jours à Bordeaux
> Le Lot porte des poules d'Inde
> Et des chapons à pleins bateaux !

Et dans cette énumération qui se poursuit, il parle des vins de Thézac et de Cahors, fameux alors comme aujourd'hui.

A propos des vins, il paraît — toujours d'après Daubasse— que les populations de notre région ont été constamment mécontentes de ce que nous nommons aujourd'hui « le régime des boissons ». — Il va être enfin aboli !

Daubasse prétendait, avec plus ou moins d'iro-

nie, que les vins de notre région n'étaient pas suf-
fisamment protégés contre l'*inondation* des vins de
Cahors.

Mesdames et Messieurs, permettez-moi d'émettre
devant vous cette conjecture qu'en cette circons-
tance le poète-cabaretier se moqua discrètement,
et pour ainsi dire à mi-voix, de ses compatriotes et
de l'infériorité de leurs vins.

Vous allez en juger :

SUR L'INTRADO DEL BI DE CAU

You souy bien estounat que caûcun nou démostre
Que lou boun bi de Caû bèn trop facilomen ;
Car se nou fasèn pas caûque boun règlomen,
Bien leû nous cadra fa la bugado del nostre.
Nous-aûs dounan pourtant *naû sos à la manobro,*
Reculhen bien de bi, e tout lou bi nous sobro.
Après, al bout de l'an, l'abèn tout sur lous bras,
E nou lou cal tout beûre ou mousit ou al bas.
You bous dirèy pourtant, per sousteni ma thèso,
Que nous cal tout paga la tailho et lou tailhou.
Boulès sabe perque nostre bi se mesprèso ?
Acos es que cadun bol beûre del milhou.

Les deux derniers vers me semblent révéler la
pensée intime de Daubasse.

Quoi qu'il en soit, nous apprenons de source sûre
que, sous Louis XIV — au bon vieux temps — la
journée d'un homme valait, dans notre pays, *neuf
sous,* quarante-cinq centimes !

Les économistes savent combien sont précieux
les renseignements de ce genre qui permettent de
fixer, pour une époque, les prix de l'argent, des ob-
jets de consommation et de la main-d'œuvre.

Au surplus, dans le cas où Daubasse se plaindrait
sérieusement de l'inondation des vins de Cahors,
faudrait-il s'en étonner ? Ce ne serait pas la pre-

mière fois, ni la dernière, que nous verrions les gens crier contre leur ventre.

Qui de nous ne sait que, de nos jours, on a pu ameuter contre le bas prix des grains des gens qui vivent du crédit que leur fait le boulanger? Les institutions changent, mais la nature et le cœur sont sujets à peu de révolutions ; la bêtise est de tous les temps !

La question des subsistances, Mesdames et Messieurs, est toujours grave.

Sous l'ancien régime, au bon vieux temps, où les disettes, les famines étaient périodiques, la question fut douloureuse.

Il faut lire dans les écrivains du temps, dans la célèbre lettre de Fénélon au roi, dans les mémoires des intendants, les effrayants tableaux de la misère des paysans à cette époque. A maintes reprises, on voit les populations des campagnes, en proie à la faim, réduites à manger de l'herbe !

On ne connaît guère, de ces documents, que le tableau si souvent cité de La Bruyère, et l'on a l'air de prendre ces lignes du célèbre moraliste pour une fantaisie d'écrivain plutôt que pour le témoignage d'un observateur. Malheureusement, la vérité du hideux portrait que La Bruyère nous a laissé du pauvre paysan de son temps — du bon vieux temps ! — est confirmée par des documents aussi nombreux que terribles.

Ces documents, votre poète les va confirmer.

Nous l'avons entendu, tout à l'heure, maudire, en sa qualité de cabaretier et de bonhomme aimant le peuple, le désastreux hiver de 1709 qui tua toutes les vignes.

Dans une fort jolie pièce que je vais faire passer

sous vos yeux, il se réjouit de voir un printemps précoce hâter la maturité de la moisson.

C'est que toute récolte mauvaise ou simplement tardive affamait le pauvre peuple.

Au « bon vieux temps », tous les ans, au mois de mai, les provisions du pauvre étaient épuisées et la faim arrivait — cette faim bien connue de nos anciens qui la nommaient « la hame de may ».

Alors, les usuriers battaient la campagne offrant du blé et de la méture à des prix usuraires. Sous le coup de la nécessité, pressé par la faim, c'est-à-dire par la mort, le paysan misérable acceptait leurs conditions homicides, engageait la prochaine récolte et, comme on dit, mangeait son blé en herbe.

Notez, Mesdames et Messieurs, qu'au « bon vieux temps », les chemins étaient si mauvais, les moyens de transport si rares, les barrières douanières entre provinces si onéreuses à franchir, qu'il était impossible à une province dans l'abondance et qui regorgeait de blé, d'envoyer ses produits à la province voisine où l'on mourait de faim ! Notez, encore, que des accapareurs éhontés spéculaient sur la faim. Notez, enfin, que le Roi lui-même avait organisé, avec l'aide de quelques spéculateurs sans cœur et sans vergogne, le fameux *pacte de famine* qui consistait à s'assurer, à l'aide d'achats faits par le Trésor royal, c'est-à-dire avec les deniers des contribuables, le monopole des grains que la cour revendait ensuite au peuple aux prix qu'elle édictait !

C'est ce temps horrible que l'on a osé nommer « le bon vieux temps ».

Vous croyez que j'invente à plaisir et pour les besoins d'une thèse ? Rassurez-vous.

Je ne veux prendre, aujourd'hui, que le témoignage de vos concitoyens.

Avant de vous soumettre le témoignage qu'apporte Daubasse, permettez-moi de vous lire quelques lignes d'un *Mémoire* qu'en 1789, un prêtre de votre région, l'abbé Seguy, curé de Blanquefort, adressa aux États-Généraux.

Ce *Mémoire* est aux Archives nationales. Je l'ai publié il y a quelques années dans ma *Féodalité en Agénois* :

« Le propriétaire qui a déjà vidé son grenier pour payer la *taille* et la *rente,* écrit l'abbé Seguy, va au marché acheter un peu de blé, ou chez quelque personne charitable, ou chez *quelque usurier qui le lui prête.* »

Ceci — je l'ai dit — était écrit en 1789.

Écoutons maintenant Daubasse qui écrivait cent ans auparavant :

SUR UNO RECOLTO ABOURIBO

Deja lou Cèl esten sa toualho ;
Ço que digun n'a bis jamay,
Dins lou coumençomen de may,
Tout lou blat al cap de la palho.
Paùres, remercias lou boun Diù
Que bous fay presen d'un estiù
Que nou se fay pas trop atendre,
Abouriù se se n'es bis un :
Touts lous *usuriès* se ban pendre
Aban que sio lou mes de jun.

À une distance de cent années, les témoignages concordent et, à la veille de la Révolution, en 1789, le peuple des campagnes était encore en proie à la *hame de may* et aux *usuriers,* comme il l'était déjà en 1689 !

Un siècle de faim et de tortures — sans compter les siècles antérieurs !

D'ailleurs — qui l'ignore ? — les deux grandes causes qui enfantèrent la Révolution ne furent-elles pas la *faim* dont souffrait le peuple et la détresse financière dans laquelle, après avoir exploité le peuple, se trouvait la Royauté ?

Séguy — que je citais tout à l'heure — termine son *Mémoire aux Etats Généraux* par ces paroles significatives :

« Je ne veux nuire à personne ; mais mon état et ma religion m'obligent à prendre le parti des malheureux. Je suis témoin de leur malheur et de leur misère. Je puis et dois demander que l'on guérisse les plaies profondes qu'on leur a faites... C'est le seul et unique moyen de voir finir *ces jours d'horreur et de calamité.* »

Daubasse est du peuple. Il aime et défend le peuple.

Par la seule force de ses sarcasmes, il réduit, un jour, à la fuite les exacteurs et les commis des traitants qui s'étaient abattus sur Villeneuve.—Orphée apprivoisait les bêtes féroces ; votre poète se contentait de les faire déguerpir !

S'il s'attaque volontiers aux moines, au clergé, aux puissants, aux privilégiés, il a le cœur tendre aux faibles, aux petits et, pour employer la langue de Jasmin, sa muse est *pietadouso* aux malheureux.

J'en veux donner un exemple :

Un pauvre homme avait pris, dans les immenses

forêts du seigneur duc de Biron, un mauvais fagot
de bois. Les gens du seigneur se saisissent de lui.
Que va-t-il devenir? La justice seigneuriale, rendue par un juge qui est aux gages du duc — car,
c'est ainsi qu'au bon vieux temps se rendait la
justice! — est impitoyable.

Daubasse s'intéresse au manant.

Il se met à l'œuvre et envoie à monseigneur le
duc ce placet, aussi admirable par la forme que par
le sentiment qui l'a inspiré :

A MOUSSU DE BIRON

Per y damanda la graço d'un paysan qu'abio panat de boy

> Mounseignur, bous besès qu'aquel home, à sa mino,
> Announço, per sigur, un paysan bien pairas.
> Gaytas-lou per daban, gaytas-lou per l'esquino,
> Nou besès qu'un gipou tapissat de petas.
> Soun cap es sans capèl, sas cambos sans debas.
> Per aquel malurous damandi pas de graço ;
> Per l'exemple de touts, boli que sio punit :
> A counditiù pourtant que soun boy mes en masso,
> Pesara lou laürié que bous abès cullit.

Mesdames, Messieurs, c'est sur ce beau trait que
je voudrais finir. Ce chef-d'œuvre ne rappelle-t-il
pas, sans en être amoindri, le *Bucheron* de La
Fontaine et les merveilleuses visions de Callot?

Quel temps que le « bon vieux temps! » Tout
conspire contre le peuple pour le tenir dans l'ignorance et la misère : le clergé, les aristocrates, le
roi lui-même!

Quel temps que celui où un duc de Biron — dont
les forêts étaient sans limites! — poursuivait un
malheureux pour un misérable fagot de bois! Et
quel temps que celui où il fallait de si merveilleuses
prières pour le lui arracher des mains !

En vérité, le duc avait la noblesse du nom et du titre ; mais, l'autre, le simple maître peignier de Villeneuve, le cabaretier-poète, avait la vraie noblesse, — celle du cœur et du talent.

La Révolution doit venir, qui proclamera qu'il n'y a d'autres distinctions désormais en France que celles « du mérite et de la vertu ».

Qu'elle se hâte ! Il est temps !

Ce jour-là, les gens de talent et de cœur seront à leur place !

Oui ! Daubasse était poète.

Il fut, comme tous les vrais poètes, un voyant, un précurseur.

Tous les gémissements des opprimés avaient un retentissement dans son âme.

C'est par d'innombrables cris pareils à ceux qu'il a poussés que la Révolution — cette grande Libératrice ! — fut rendue possible et prochaine.

Encore un coup d'œil sur un autre genre de misère et d'esclavage — et je terminerai.

Au « bon vieux temps », dans les maisons nobles, le fils aîné héritait non seulement du titre et des armes, mais aussi du château et de la meilleure partie du patrimoine.

Que restait-il aux cadets ?

Rien — ou peu de chose.

Ils avaient la ressource d'entrer dans un régiment — ou dans les ordres.

Les cadets arrivaient facilement aux grades militaires, quand ils ne les obtenaient pas d'emblée. Jusqu'à la Révolution, en effet, les grades militaires appartenaient de droit et exclusivement à la noblesse.

Dans les ordres, ils obtenaient les sièges épiscopaux qui leur étaient dévolus, à l'exclusion à peu près complète des prêtres sortis des rangs du peuple, ou — tout au moins — de bons bénéfices et de grasses abbayes.

Je parle des garçons.

Mais les filles ?

Leur sort était beaucoup plus misérable encore.

Enfermées malgré elles dans des couvents qui étaient de véritables prisons avec des *in-pace,* c'est-à-dire des cachots souterrains, d'où l'on ne sortait guère ni vivant, ni mort, elles passaient leur triste vie, selon l'humeur de l'Abbesse ou le régime de la maison, dans des austérités homicides ou dans une existence déréglée... Rappelez-vous Gresset — pour ne citer que cette peu grave autorité !

Si la volonté toute-puissante d'un père ne suffisait pas à confiner les filles dans ces tristes demeures, une lettre de cachet intervenait et l'arbitraire royal était mis au service de l'arbitraire seigneurial ; toute résistance était impossible.

Daubasse a connu les tortures de l'esclavage monastique et le désespoir qui tordaient de blanches mains derrière les barreaux et les grilles.

Il les décrit de façon saisissante dans ces quelques vers où il fait parler les nonnes :

LAS MOUNJOS

Se lou boun Diù fasio miracle,
E qu'arribès aquel spectacle,
Que lou couben se cambiario,
E que lou Papo n'ordounesso
Que qui bol sourti sourtiguesse,
Pas uno nou damourario.

Nostros mayres, per èstre urousos,
Nous an randudos malurousos.
Lous plases nou lour manquoun pas ;
E nous aùtros, paùros captibos,
Sèn enterrados toutos bibos
Dins aqueste maùdit sejour.

Bèn uno so founfounilheto,
Ne fay souna la campaneto,
Li fay dire d'un toun malin :
Maùdito siogne la damoro
Que nou dirio jamay deforo !
Sounco : dedin, dedin, dedin !

Cent ans s'écoulèrent avant que les barreaux et les grilles des couvents s'ouvrissent, et ce ne fut pas le Pape — comme les nonnes l'avaient espéré — qui les brisa.

Ce fut la Révolution !

La plupart de ces captives prirent leur volée ; et — quoi qu'on en ait dit — la plupart se marièrent et devinrent de bonnes et utiles mères de famille.

La Révolution interdit les vœux perpétuels ; et, aujourd'hui — pour éviter que le fanatisme fasse encore des victimes involontaires — le procureur général de chaque ressort a charge de visiter, une fois par an, tous les couvents cloîtrés, afin d'assurer la sincérité des vocations et de protéger la liberté de conscience.

Avant la Révolution, un autre précurseur, Diderot, avait écrit *la Religieuse*.

Après la Révolution — en 1791 — un auteur dramatique, M. Boutet de Monvel, mit à la scène les tortures qu'avaient subies dans les couvents les martyres involontaires de l'ancien régime.

Le drame avait pour titre : *les Victimes cloîtrées;* il fit courir tout Paris.

Mesdames, Messieurs, ma tâche est terminée et mon programme est rempli.

Je vous ai montré dans Daubasse :

Un poète, — un vrai poète ;
Un homme, — un brave homme ;
Un précurseur de la Révolution française.

Par une triple salve d'applaudissements adressée, non au conférencier, mais à Arnaud Daubasse, je vous invite à témoigner :

Au poète illettré, notre admiration ;
A l'homme, notre estime ;
Au précurseur, notre reconnaissance.

Imprimerie Ed. Chabrié, à Villeneuve.